Die leckersten Weihnachtsplätzchen

mit PlätzchenFix

7HILL

Die leckersten Weihnachtsplätzchen mit PlätzchenFix

7Hill ist ein Imprint der Tandem Verlag GmbH

Text: Gisela Muhr für agilmedien, Köln
Coverdesign: Simone Sticker
Coverfotografie: © Tandem Verlag GmbH/TLC Fotostudio GmbH
Fotografien Innenteil: © Tandem Verlag GmbH/TLC Fotostudio GmbH
Fotografien Flyer: © Tandem Verlag GmbH/TLC Fotostudio GmbH
Layout und Satz: Derek Gotzen/A. Aspropoulos für agilmedien, Köln
Gesamtherstellung: Tandem Verlag GmbH, Königswinter

Printed and produced in China

ISBN 978-3-8331-8038-5

10 9 8 7 6 5 4 3 2 1

Inhalt

Einleitung

Plätzchen wie von Zauberhand

Ende November beginnen die Vorweihnachtstage, und zu einer stimmungsvollen und schönen Advents- und Weihnachtszeit gehören Plätzchen einfach dazu.
Der Duft von Zimt, Nelken und anderen Zutaten zieht durchs Haus und versetzt uns in Vorfreude auf die kommenden Festtage.

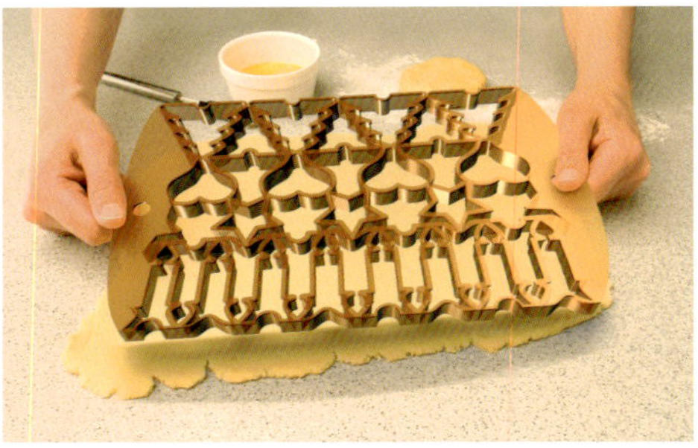

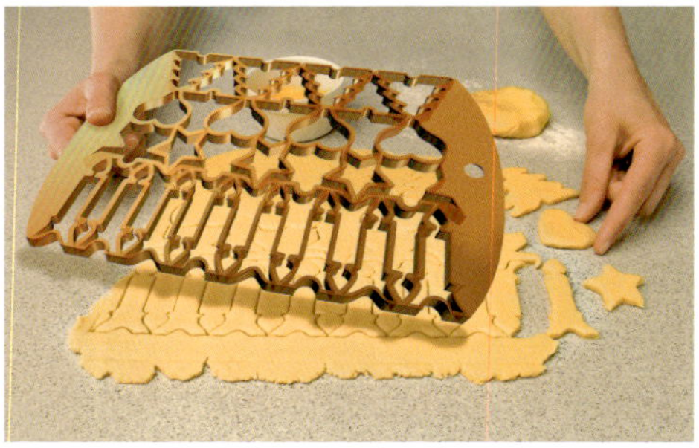

Plätzchen schmecken am leckersten selbst gebacken, und mit *PlätzchenFix* geht das ganz einfach. Mit einem Handgriff können Sie aus dem ausgerollten Teig 34 Motive ausstechen!
Das erspart viele wertvolle Minuten und sorgt dafür, dass aus den Vorweihnachtstagen keine hektische, sondern wirklich eine besinnliche Zeit wird.

Unter den 55 hier vorgestellten Rezepten ist für jeden etwas dabei. Die im ersten Teil dieses Buches beschriebenen Weihnachtsplätzchen sind mit *PlätzchenFix* kinderleicht auszustechen. Drücken Sie dabei die Form fest in den Teig und bewegen Sie sie leicht hin und her. Im Anschluss finden Sie Rezepte für weitere Plätzchenklassiker, die auf dem Weihnachtsteller nicht fehlen dürfen.

Backen Sie reichlich – Sie werden feststellen, dass eine einfache Zubereitung und tolle Backkreationen einander nicht ausschließen!

Plätzchen aufbewahren

Am besten halten sich die Plätzchen, indem man sie lagenweise in Blechdosen verpackt. Zwischen die Lagen immer Butterbrot- oder Backpapier legen, damit die Plätzchen flach liegen und nicht zerbrechen. Stark gewürzte Plätzchen (Zimt, Nelken etc.) nicht mit anderem Gebäck in eine Dose legen, da sie ihr Aroma auf die anderen übertragen können. Die Plätzchen mit Glasur (Schokolade etc.) vor dem Verpacken immer erst gut trocknen lassen.

In einer gut geschlossenen Dose halten sich die Plätzchen bis zu 4 Wochen. Lebkuchenplätzchen, die nach dem Backen ganz hart sind, sollten 1–2 Tage offen an der Luft liegen bleiben. Sie nehmen dadurch Luftfeuchtigkeit auf und werden wieder etwas weicher. Auch Lebkuchenplätzchen müssen in Blechdosen verpackt werden. Legen Sie einige Apfelschnitze dazu, dann bleiben sie länger weich und saftig.

Zubereitung von Plätzchenteig

Einen Mürbeteig können Sie selbstverständlich mit Ihrem Handmixgerät herstellen. Besser gelingt dieser Teig jedoch, wenn Sie ihn mit den Händen verkneten. Dazu das Mehl auf die Arbeitsfläche sieben, in die Mitte eine Mulde drücken, das Ei bzw. Eier hineingeben, Butter als Flocken auf den Mehlrand setzten, die übrigen Zutaten dazugeben. Alles rasch mit den Händen zu einem glatten Teig kneten. Den Teig zu einer Kugel formen, in Klarsichtfolie wickeln und im Kühlschrank ruhen lassen. Wie lange, entnehmen sie dem jeweiligen Rezept. Den Teig vor der Weiterverarbeitung nochmals kräftig mit den Händen durchkneten. Möchten Sie mehr als 34 Plätzchen erhalten, nehmen Sie einfach die doppelte Menge an Zutaten.

Was die Glasuren auf den folgenden Rezeptseiten betrifft, sind Ihrer Fantasie natürlich keine Grenzen gesetzt. Sie können die Verzierungen nach Belieben variieren – oder auch weglassen.

Viel Spaß beim Backen mit *PlätzchenFix*!

Rezepte mit

PlätzchenFix

Buttermilchplätzchen

350 g Mehl
500 g flüssige Butter
9 EL Buttermilch
2 Eigelb
150 g Hagelzucker

Aus Mehl, Butter und Buttermilch mit den Händen einen Teig kneten und diesen zugedeckt 1 Stunde im Kühlschrank ruhen lassen.
Den Teig auf einer bemehlten Arbeitsplatte ca. 1/2 cm dick ausrollen, mit der Plätzchenstanzform ausstechen und die Plätzchen auf ein mit Backpapier ausgelegtes Backblech legen.
Eigelb mit 2 EL Wasser verquirlen. Die Plätzchen mit Eigelb bestreichen und mit dem Hagelzucker bestreuen.
Die Plätzchen bei 175 °C ca. 10 Minuten backen.

Zubereitungszeit: 20 Minuten (ohne Ruhezeit für den Teig)

Eierlikörplätzchen mit Schokolade

250 g Butter
75 g Zucker
125 ml Eierlikör
2 EL Essig
400 g Mehl

200 g Vollmilchschokolade
6 EL Eierlikör

Die Butter mit Zucker und Eierlikör schaumig rühren. Essig dazugeben und das Mehl einrieseln lassen und gründlich mit den Händen verkneten. Den Teig mit Klarsichtfolie abdecken und einige Stunden im Kühlschrank ruhen lassen.
Den Teig auf der bemehlten Arbeitsfläche ausrollen, Plätzchen ausstechen und auf ein mit Backpapier ausgelegtes Backblech legen. Die Plätzchen bei 200 °C in ca. 8 Minuten goldgelb backen.
Für die Füllung Schokolade im Wasserbad schmelzen, den Topf von der Kochplatte nehmen und den Eierlikör unterrühren. Die Schokoladenmasse mit einem Frühstücksmesser auf die Plätzchen streichen und auf einem Kuchengitter trocknen lassen.

Zubereitungszeit: 40 Minuten (ohne Ruhezeit für den Teig)

Mandel-Eierlikör-Plätzchen

150 g Mehl
100 g gemahlene Mandeln
125 g Butter
2 Eier
70 g Zucker
4 EL Eierlikör
1 Prise Salz
100 g Puderzucker

Mehl, Mandeln, Butter, Eier, Zucker, 1 EL Eierlikör und Salz mit den Händen zu einem glatten Teig verkneten und mit Folie bedeckt für 1 Stunde im Kühlschrank ruhen lassen.
Den Teig auf der bemehlten Arbeitsfläche ausrollen, Plätzchen ausstechen und auf ein mit Backpapier belegtes Backblech setzen.
Im Backofen bei 175 °C ca. 8 bis 10 Minuten backen. Den restlichen Eierlikör und den Puderzucker miteinander verrühren und die erkalteten Plätzchen damit bestreichen.

Zubereitungszeit: 20 Minuten (ohne Ruhezeit für den Teig)

Erdnusskekse

250 g Mehl
1 gestr. TL Backpulver
125 g brauner Zucker
1/2 Pack. Vanillezucker
50 g gehackte Erdnüsse
1 Ei
100 g kalte Butter
50 g Zartbitter-Blockschokolade

Mehl mit Backpulver auf die Arbeitsfläche sieben, in die Mitte eine Mulde drücken und den Zucker, den Vanillezucker, die Erdnüsse und das Ei hineingeben.
Die Butter in Stückchen schneiden, auf den Mehlrand setzen und alles mit den Händen zu einem glatten Teig verkneten. Den Teig zu einer Kugelform in Folie wickeln und 1 Stunde im Kühlschrank ruhen lassen.
Den Teig auf der bemehlten Arbeitsfläche ausrollen, Plätzchen ausstechen und auf ein mit Backpapier belegtes Backblech legen. Im Backofen bei 160 °C ca. 15 Minuten backen.
Die Plätzchen auskühlen lassen. Die Schokolade grob hacken, im Wasserbad schmelzen und die Plätzchen damit überziehen.

Zubereitungszeit: 45 Minuten

Prager Plätzchen

250 g Butter
3 Eigelb
3 EL Zucker
275 g Mehl

1 Eiweiß
125 g gesiebter Puderzucker
1 Pack. Vanillezucker
2 EL gehobelte Mandeln
1 EL kleine Rosinen oder Korinthen

Die Butter mit Eigelb und Zucker verrühren und mit dem Mehl verkneten. Den Teig zu einer Kugel formen, mit Klarsichtfolie abdecken und im Kühlschrank 1 Stunde ruhen lassen. Den Teig auf der bemehlten Arbeitsfläche dünn ausrollen, Plätzchen ausstechen und auf ein mit Backpapier belegtes Blech legen. Für den Belag das Eiweiß in eine Schüssel geben und mit Puder- und Vanillezucker verrühren. Die Masse auf die Plätzchen streichen und mit gehobelten Mandeln, Rosinen oder Korinthen bestreuen.
Im vorgeheizten Backofen bei 160 °C ca. 10 Minuten backen.

Zubereitungszeit: 20 Minuten (ohne Ruhezeit für den Teig)

Plätzchen mit Perlen

200 g Marzipanrohmasse
220 g Puderzucker
3 EL Zitronensaft
Speisefarbe
Zuckerperlen
Zuckerstreusel

Das Backblech mit Backpapier belegen und den Backofen auf 200 °C vorheizen. Die Marzipanrohmasse und 100 g Puderzucker mit den Händen verkneten und zwischen zwei Lagen Backpapier ausrollen. Die Plätzchen aus dem Teig ausstechen und auf das Backblech legen. Im Backofen ca. 5 Minuten backen.
Auf einem Kuchengitter abkühlen lassen. Für den Guss den restlichen Puderzucker mit dem Zitronensaft glatt rühren. Nach Belieben mit Speisefarbe einfärben und die Plätzchen damit bepinseln.
Mit den Perlen oder Zuckerstreuseln nach Lust und Laune verzieren.

Zubereitungszeit: 20 Minuten

Lebkuchen mit kandierten Früchten

250 g Honig
250 g Rohrzucker
150 g Butter
1 Ei
100 g gemahlene Mandeln
400 g Mehl
1 EL Kakao
1 TL gemahlener Zimt
2 TL Lebkuchengewürz
1 EL unbehandelte abger. Zitronenschale
1 TL Pottasche
2 EL Rum

150 g Puderzucker
3 EL Zitronensaft
100 g klein geschnittene kandierte Früchte
100 g Belegkirschen

Honig, Rohrzucker und Butter in einem Topf unter Rühren so lange erhitzen, bis sich der Zucker aufgelöst hat. In eine breite Rührschüssel umfüllen und abkühlen lassen. Ei, Mandeln, Mehl, Kakao, die Gewürze und die Zitronenschale zufügen und mit den Knethaken des Rührgeräts gründlich durchkneten. Die Pottasche mit dem Rum verrühren, zum Teig geben und so lange weiterkneten, bis der Teig glänzt und nicht mehr klebt. Eventuell noch etwas Mehl dazugeben. Die Schüssel mit Klarsichtfolie abdecken und über Nacht in den Kühlschrank stellen.
Den Teig in 2 Portionen teilen und auf der leicht bemehlten Arbeitsfläche ausrollen. Die Plätzchen ausstechen und auf ein mit Mehl bestäubtes Backblech legen. Das Backblech in den auf 180 °C vorgeheizten Backofen schieben und ca. 18 Minuten backen. Die Plätzchen vorsichtig vom Backblech lösen, denn sie sind noch sehr weich. Zum Auskühlen auf ein Kuchengitter legen.
Für die Glasur den Puderzucker mit dem Zitronensaft glatt rühren und die Plätzchen damit bestreichen. Sofort mit den kandierten Früchten und den Kirschen belegen, da der Guss schnell fest wird. Gut trocknen lassen und in einer luftdichten Dose aufbewahren.

Zubereitungszeit: 45 Minuten (ohne Ruhezeit für den Teig)

Blätterteigplätzchen

- 1 Pack. Blätterteig (250 g, TK)
- 1 Eigelb
- 1 EL Milch
- 4 EL Aprikosenkonfitüre
- 2 EL Zitronensaft
- 1 EL gemahlene Mandeln
- 2 EL Hagelzucker

Den Blätterteig auftauen lassen. Den Teig auf einer bemehlten Arbeitsfläche ausrollen, Plätzchen ausstechen und auf ein mit Backpapier ausgelegtes Backblech legen. Das Eigelb mit der Milch verrühren und die Plätzchen damit bestreichen.
Im vorgeheizten Backofen bei 180 °C ca. 15 Minuten goldbraun backen.
In der Zwischenzeit die Aprikosenkonfitüre erhitzen und mit dem Zitronensaft und den gemahlenen Mandeln vermischen. Die noch heißen Plätzchen damit bestreichen. Abschließend den Hagelzucker darüberstreuen.

Zubereitungszeit: 40 Minuten (ohne Ruhezeit für den Blätterteig)

Nougat-Marzipan-Plätzchen

- 275 g Mehl
- 150 g Zucker
- 1 Pack. Vanillezucker
- 2 Eigelb
- 175 g kalte Butter
- 400 g Marzipan-Rohmasse
- 2–3 Eiweiß
- 250 g Nougatmasse

Das Mehl auf die Tischplatte sieben. In die Mitte eine Mulde drücken und Zucker, Vanillezucker und Eigelb hineingeben. Die Butter in Stücke schneiden, auf den Mehlrand setzen und mit den Händen rasch zu einem glatten Teig verarbeiten.
Den Teig zu einer Kugel formen und in Klarsichtfolie für 2 Stunden im Kühlschrank ruhen lassen.
Den Teig auf einer mit Mehl bestreuten Arbeitsplatte ausrollen, Plätzchen ausstechen und auf ein mit Backpapier ausgelegtes Backblech legen.
Aus Marzipan, Eiweiß und Wasser eine geschmeidige Masse herstellen. Diese Masse in einen Spritzbeutel geben und als Kranz auf die Plätzchen spritzen. Bei 180 °C ca. 10 Minuten backen.
Die Nougatmasse im Wasserbad schmelzen und mit einem Teelöffel in die Mitte der Marzipankränze einlaufen lassen. Die Nougatmasse vor dem Verzehr vollständig fest werden lassen.

Zubereitungszeit: 50 Minuten (ohne Ruhezeit für den Teig)

Schokoladenplätzchen mit Walnusskernen

250 g Mehl
1/2 TL Backpulver
125 g Zucker
1 Ei
125 g weiche Butter
2 EL Milch
60 g gemahlene Walnusskerne
60 g gemahlene Mandeln
60 g klein geschnittene Rosinen
100 g Zartbitterschokoladen-Raspel
100 g Puderzucker
150 g Walnusskerne

Das Mehl mit Backpulver mischen und in eine Rührschüssel sieben. Zucker, Ei, Butter und Milch hinzufügen und untermischen. Dann mit dem Knethaken des Handrührgerätes gut durchkneten. Walnusskerne, Mandeln, Rosinen und Schokoladen-Raspel unterarbeiten. Den Teig mit den Händen nochmals gut durchkneten, zu einer Kugel formen, mit Klarsichtfolie abdecken und 2 Stunden im Kühlschrank ruhen lassen.
Auf der bemehlten Arbeitsfläche ausrollen und Plätzchen ausstechen. Die Plätzchen auf ein mit Backpapier belegtes Backblech legen und bei 180 °C ca. 8 bis10 Minuten backen.
Den Puderzucker mit 2 EL Wasser glatt rühren. Auf die Plätzchen einen Klecks Guss geben und je eine Walnusshälfte auf ein Plätzchen andrücken.

Zubereitungszeit: 40 Minuten (ohne Ruhezeit für den Teig)

Gefüllte Nussplätzchen

- 400 g Mehl
- 350 g Puderzucker
- 125 g gemahlene Haselnüsse
- 125 g kalte Butter
- 1 Ei
- 1 Eigelb
- 4 EL Brombeergelee

Das Mehl mit 200 g Puderzucker und den Haselnüssen auf die Arbeitsfläche sieben und eine Mulde hineindrücken. Die kalte Butter klein würfeln und auf den Mehlrand legen. Ei und Eigelb in die Mulde geben. Alle Zutaten mit den Händen rasch zu einem glatten Teig verkneten, zu einer Kugel formen und in Folie gewickelt 2 Stunden im Kühlschrank ruhen lassen.
Den Teig auf einer bemehlten Arbeitsfläche ausrollen, Plätzchen ausstechen und auf ein mit Backpapier ausgelegtes Backblech legen. Im vorgeheizten Backofen bei 150 °C ca. 10 Minuten backen.
Das Brombeergelee in einer Schüssel glatt rühren. Die gebackenen Plätzchen kurz abkühlen lassen. Auf die Hälfte der noch warmen Plätzchen einen Tupfer Brombeergelee auftragen und ein zweites Plätzchen daraufdrücken.

Zubereitungszeit: 30 Minuten (ohne Ruhezeit für den Teig)

Holländische Weihnachtsplätzchen

- 175 g Mehl
- 75 g Speisestärke
- 75 g Zucker
- 1 Pack. Vanillinzucker
- 1 Prise Salz
- 1 Ei
- 125 g Butter
- 400 g Marzipan-Rohmasse
- 150 g Puderzucker
- 100 g Orangenkonfitüre
- 125 g Zartbitter-Kuvertüre

Das Mehl mit Speisestärke, Zucker, Vanillinzucker und Salz in einer Schüssel mischen. Ei und Butter in Stückchen dazugeben und alles mit den Händen zu einem glatten Teig verkneten. In Frischhaltefolie wickeln und etwa 1 Stunde kalt stellen. Inzwischen Marzipan und 100 g Puderzucker mit den Händen verkneten. Mit dem restlichen Puderzucker die Arbeitsfläche bestreuen, Marzipan darauf dünn ausrollen und ausstechen. Beiseite stellen. Dann den Teig auf bemehlter Arbeitsfläche ca. 3 mm dick ausrollen und ebenfalls ausstechen. Plätzchen auf ein mit Backpapier ausgelegtes Backblech legen. Im vorgeheizten Backofen bei 175 °C ca. 10 Minuten backen und anschließend auskühlen lassen. Die Orangenkonfitüre in einem kleinen Topf oder in der Mikrowelle erhitzen und die Plätzchen damit bestreichen. Die ausgestochenen Marzipanfiguren auf das jeweilige Plätzchen legen und leicht festdrücken. Die Zartbitter-Kuvertüre grob hacken und im heißen Wasserbad schmelzen lassen. Die Plätzchen bis zur Hälfte mit Kuvertüre bestreichen und fest werden lassen.

Zubereitungszeit: 50 Minuten (ohne Ruhezeit für den Teig)

Amarettokekse

4 Eier
125 g Zucker
250 g Butter
500 g Mehl
8 EL Amaretto
100 g Puderzucker

3 Eier kochen und aus dem harten Eigelb (das Eiweiß wird nicht benötigt), 1 rohen Ei, Zucker, Butter, Mehl und 6 EL Amaretto einen glatten Teig mit den Händen kneten.
Den Teig zu einer Kugel formen und in Folie gewickelt 2 Stunden im Kühlschrank ruhen lassen.
Den Teig auf der bemehlten Arbeitsfläche dünn ausrollen, Plätzchen ausstechen, bei 170 °C ca.10 Minuten backen und danach auskühlen lassen.
Aus dem restlichen Amaretto und dem Puderzucker einen Guss herstellen und die Plätzchen damit bestreichen.

Zubereitungszeit: 30 Minuten (ohne Ruhezeit für den Teig)

Ingwerplätzchen

200 g Butter
1 TL Salz
1 EL Weinessig
200 g Zucker
325 g Zuckerrübensirup
1 Ei
1 TL Zimt
1 TL Ingwerpulver
1 Msp. gemahlene Nelken
650 g Mehl
2 TL Backpulver

Die Butter mit Salz, Essig und Zucker schaumig rühren. Zuckerrübensirup, Ei und Gewürze dazugeben. Das Mehl mit dem Backpulver vermischen, Buttermasse dazugeben und mit den Händen rasch zu einem glatten Teig verkneten. Den Teig zu einer Kugel formen, in Folie wickeln und etwa 3 Stunden kalt stellen.
Den Teig auf einer bemehlten Arbeitsfläche ca. 3 mm dick ausrollen, Plätzchen ausstechen und auf ein mit Backpapier ausgelegtes Backblech legen.
Die Ingwerplätzchen bei 180 °C ca. 8 Minuten backen.

Zubereitungszeit: 30 Minuten (ohne Ruhezeit für den Teig)

Spekulatius

1 Pack. Backpulver	50 g aufgelöster br. Rohrzucker
500 g Mehl	1 Pack. Vanillezucker
250 g Zucker	1 TL Zimt
2 Eier	2 Msp. Nelken und Kardamom
250 g kalte Butter	2 Msp. Muskatnusspulver
100 g gemahlene Mandeln	1 Msp. Koriander

Das mit Backpulver gemischte Mehl auf die Arbeitsplatte sieben und in die Mitte eine Mulde drücken.
In diese Mulde den Zucker und die Eier geben; die Butter in Stückchen auf dem Mehlrand verteilen. Das Ganze zu einem glatten Teig verarbeiten und jetzt alle restlichen Zutaten in den Teig einarbeiten. Den Teig zu einer Kugel formen, in Klarsichtfolie wickeln und für 2 Stunden im Kühlschrank ruhen lassen.
Den Teig auf der bemehlten Arbeitsfläche messerrückendick ausrollen, die Plätzchen ausstechen und auf ein mit Backpapier ausgelegtes Backblech geben.
Bei 150 °C ca. 15 Minuten goldbraun backen.

Zubereitungszeit: 35 Minuten (ohne Ruhezeit für den Teig)

Sesamplätzchen

375 g Butter
200 g Zucker
5 Eigelb
500 g Mehl
50 g Puderzucker
100 g Sesam

Die Butter schaumig rühren, dann Zucker und Eigelbe zufügen und gut verrühren.
Das Mehl nach und nach zugeben, mit den Händen unterkneten und zu einem glatten Teig verarbeiten. Den Teig zu einer Kugel formen, in Klarsichtfolie wickeln und 2 Stunden im Kühlschrank ruhen lassen.
Den Teig dünn auf der bemehlten Arbeitsfläche ausrollen, Plätzchen ausstechen und auf ein mit Backpapier belegtes Backblech legen. Die Plätzchen bei 180 °C ca. 10 bis 12 Minuten backen. Aus Puderzucker und 1 EL Wasser einen Guss herstellen, die Plätzchen damit bestreichen und anschließend in dem Sesam wälzen.

Zubereitungszeit: 35 Minuten (ohne Ruhezeit für den Teig)

Bunte Butterplätzchen

250 g Mehl
125 g Puderzucker
abger. Schale von 1/2 Zitrone
1 Ei
150 g kalte Butter

125 g Puderzucker
2–3 EL Zitronensaft
Zuckerperlen

Das Mehl mit Puderzucker und Zitronenschale auf die Arbeitsfläche häufen. Das Ei in die Mitte geben und die klein geschnittene Butter rundherum verteilen. Alles mit einem großen Messer durchhacken, dann mit den Händen zu einem festen Teig verkneten. Zu einer Kugel formen und in Klarsichtfolie gewickelt für mindestens 1 Stunde in den Kühlschrank stellen. Den Backofen auf 180 °C vorheizen. Ein Backblech mit Backpapier auslegen. Den Teig auf der bemehlten Arbeitsfläche etwa 3 mm dick ausrollen. Die Plätzchen ausstechen und auf das Backblech legen. Im Backofen ca. 10 Minuten goldgelb backen. Die Plätzchen auf ein Kuchengitter legen und gut abkühlen lassen.
Für den Guss Puderzucker mit Zitronensaft glatt rühren. Die Plätzchen dünn mit der Glasur bestreichen und mit den verschiedenen Zuckerperlen nach Belieben verzieren.

Zubereitungszeit: 45 Minuten (ohne Ruhezeit für den Teig)

Früchteplätzchen

300 g Mehl
100 g Zucker
1 Pack. Vanillezucker
1 Prise Salz
200 g kalte Butter
1 Ei
1 EL Belegkirschen
1 EL Orangeat
1 EL Zitronat
1 Eigelb
2 EL Krokantstreusel

Das Mehl sieben und mit Zucker, Vanillezucker und Salz auf die Arbeitsfläche häufen. Die klein geschnittene Butter darauf verteilen. In die Mitte eine Mulde drücken und das Ei hineingeben. Das Ganze mit den Händen zu einem geschmeidigen Teig verkneten. Die Belegkirschen mit Orangeat und Zitronat klein hacken und unter den Teig mischen. In Folie gewickelt 1 Stunde im Kühlschrank ruhen lassen. Das Backblech mit Backpapier belegen und den Backofen auf 160 °C vorheizen. Die Arbeitsfläche mit Mehl bestreuen, den Teig darauf etwa 5 mm dick ausrollen und die Plätzchen ausstechen. Die Plätzchen auf das Backblech legen und mit dem mit 1 bis 2 EL Wasser verquirlten Eigelb bestreichen. Die Krokantstreusel auf den Plätzchen verteilen. Im Backofen ca. 12 bis 15 Minuten goldgelb backen.

Zubereitungszeit: 25 Minuten (ohne Ruhezeit für den Teig)

Orangenplätzchen

300 g weiche Butter
150 g gesiebter Puderzucker
3 Eigelb
1 Msp. Vanillemark
1 TL abger. Orangenschale
2–3 Tropfen Orangenöl

300 g Mehl
100 g gesiebter Puderzucker
3 EL Orangenlikör

Butter und Zucker mit dem Rührgerät schaumig rühren. Nach und nach das Eigelb zufügen und so lange rühren, bis eine cremige Masse entsteht. Vanillemark, Orangenschale und Orangenöl sowie esslöffelweise das Mehl unter den Teig arbeiten. Den Teig zu 2 Kugeln formen, in Folie wickeln und über Nacht im Kühlschrank ruhen lassen. Die Teigkugeln auf der bemehlten Arbeitsfläche ausrollen und die Plätzchen ausstechen. Im vorgeheizten Backofen bei 170 °C ca. 15 Minuten backen. Die Ränder der Plätzchen dürfen nur ganz leicht bräunen. Zum Auskühlen auf ein Küchengitter legen. Für die Glasur den Puderzucker mit dem Orangenlikör glatt rühren, bis ein zähflüssiger Guss entsteht. Die Plätzchen damit bestreichen.

Zubereitungszeit: 35 Minuten (ohne Ruhezeit für den Teig)

Butterplätzchen

250 g Mehl
75 g Zucker
1 Prise Salz
2 TL Bourbon-Vanille
1 Ei
125 g kalte Butter

Aus allen Zutaten schnell mit möglichst kalten Händen einen mürben Teig kneten. In Klarsichtfolie wickeln und 2 Stunden in den Kühlschrank stellen. Den Backofen auf 200 °C vorheizen. Den Teig auf einer bemehlten Arbeitsfläche ca. 5 mm dick ausrollen, den Teig ausstechen und die Plätzchen auf das mit Backpapier ausgelegte Backblech legen. Im Backofen ca. 10 bis 13 Minuten goldbraun backen. Die Plätzchen auf einem Kuchengitter abkühlen lassen.

Zubereitungszeit: 25 Minuten (ohne Ruhezeit für den Teig)

Bunte Weihnachtsplätzchen

250 g Mehl
125 g Puderzucker
1 EL unbehandelte abger. Zitroneschale
1 Ei
150 g kalte Butter

200 g Puderzucker
1 TL Zitronensaft
1 TL Rum
1 TL Himbeersirup
Zuckerstreusel

Aus Mehl, Puderzucker, Zitronenschale, Ei und Butter einen Teig mit den Händen kneten. In Klarsichtfolie wickeln und 2 Stunden in den Kühlschrank stellen. Den Backofen auf 180 °C vorheizen. Ein Backblech mit Backpapier belegen. Den Teig auf der bemehlten Arbeitsfläche etwa 3 bis 4 mm dick ausrollen. Die Plätzchen ausstechen und auf das Backblech legen. Im Backofen ca. 10 Minuten goldgelb backen. Plätzchen auf einem Kuchengitter gut abkühlen lassen. Für die Glasur 2/3 des Puderzuckers mit Zitronensaft und Rum verrühren. Die Plätzchen damit bepinseln. Aus dem restlichen Puderzucker mit Himbeersirup einen Guss herstellen. Diesen Zuckerguss in einen Spritzbeutel füllen und die Plätzchen damit verzieren. Mit Zuckerstreusel verzieren und den Guss trocknen lassen.

Zubereitungszeit: 35 Minuten (ohne Ruhezeit für den Teig)

Pistazienkekse

250 g Mehl
50 g gemahlene Mandeln
75 g Zucker
1 Pack. Vanillezucker
150 g Butter
2 Eigelb

1 TL Kardamompulver
75 g gemahlene Pistazienkerne
1 EL Puderzucker
2 EL gehobelte Pistazienkerne
2 EL Hagelzucker

Mehl, Mandeln, Zucker, Vanillezucker, Butter, Eigelb, Kardamompulver und Pistazien mit den Händen rasch zu einem Teig kneten und abgedeckt für etwa 2 Stunden im Kühlschrank ruhen lassen.
Den Teig auf einer mit Mehl bestäubten Arbeitsfläche ausrollen, Plätzchen ausstechen und auf ein mit Backpapier ausgelegtes Backblech legen. Im vorgeheizten Backofen bei 180 °C ca. 12 Minuten backen lassen.
Zwischenzeitlich aus Puderzucker und etwas Wasser einen nicht zu festen Guss anrühren. Hagelzucker mit gehobelten Pistazienkernen in einem flachen Teller vermischen. Die noch warmen Plätzchen mit dem Zuckerguss bepinseln und sofort in das Zucker-Pistazienbett drücken.

Zubereitungszeit: 35 Minuten (ohne Ruhezeit für den Teig)

Anisplätzchen

- 150 g Mehl
- 100 g kalte Butter
- 1 Eigelb
- 110 g Zucker
- 1/2 Pack. Vanillezucker
- 1 Prise Salz
- 1 Eiweiß
- 1 Msp. Anispulver
- 1 Msp. zerstoßener Anissamen

Das Mehl auf die Arbeitsfläche sieben und in die Mitte eine Mulde drücken. Die klein geschnittene Butter, das Eigelb, 20 g Zucker, Vanillezucker und Salz in die Mulde geben. Das Ganze mit den Händen rasch zu einem geschmeidigen Teig verarbeiten, diesen in Folie wickeln und über Nacht im Kühlschrank ruhen lassen.
Die Arbeitsfläche mit Mehl bestäuben und den Teig darauf etwa 4 mm dick ausrollen. Plätzchen ausstechen und auf ein mit Backpapier ausgelegtes Backblech legen.
Das Eiweiß sehr steif schlagen und nach und nach 90 g Zucker einrieseln lassen. Anispulver und -samen untermischen. Diese Mischung in einen Spritzbeutel füllen und auf die Plätzchen spritzen. Im Backofen bei 170 °C ca. 15 bis 20 Minuten backen.

Zubereitungszeit: 45 Minuten (ohne Ruhezeit für den Teig)

Geleeplätzchen

250 g Mehl
1 gestr. TL Backpulver
70 g Zucker
1 Ei
1 Prise Salz
125 g kalte Butter
150 g Johannisbeergelee
Puderzucker

Das Mehl mit dem Backpulver auf die Arbeitsfläche sieben. In die Mitte eine Mulde drücken und Zucker, Ei und Salz in diese Mulde geben. Die klein geschnittene Butter auf den Mehlrand setzen und alles mit den Händen rasch zu einem glatten Teig verkneten. Den Teig in Folie gewickelt 1 Stunde im Kühlschrank ruhen lassen. Den Teig teilen, die erste Hälfte auf der bemehlten Arbeitsfläche dünn ausrollen und die Plätzchen ausstechen. Die zweite Hälfte ebenfalls dünn ausrollen und mittig in die Plätzchen einen Kreis ausstechen; wer mag, sticht mit einem Fingerhut oder mit einem anderen runden Gegenstand einen kleinen Kreis aus.
Die Plätzchen auf ein mit Backpapier ausgelegtes Backblech legen und im vorgeheizten Backofen bei 170 °C ca. 8 bis 10 Minuten backen. Abkühlen lassen. Zwischenzeitlich das Johannisbeergelee in einem Topf erwärmen und die Hälfte der Plätzchen damit bestreichen. Passende Paare bzw. Plätzchenformen mit Loch daraufsetzen und mit Puderzucker bestäuben.

Zubereitungszeit: 40 Minuten (ohne Ruhezeit für den Teig)

Haselnuss-Schokoladen-Plätzchen

250 g Puderzucker
120 g gemahlene Haselnüsse
120 g gemahlene Mandeln
Mark von 1/2 Vanilleschote
1 Ei
1 Eigelb

150 g dunkle Kuvertüre
1 Msp. gemahlene Nelken
120 g Crème double (Zimmertemperatur)
Puderzucker

Den Puderzucker mit Haselnüssen, Mandeln und Vanillemark in einer Rührschüssel mischen. Ei und Eigelb zugeben und alles mit den Händen zu einem glatten Teig verkneten. In Folie wickeln und 30 Minuten kalt stellen. Den Teig auf einer mit etwas Puderzucker bestäubten Arbeitsfläche ca. 5 mm dünn ausrollen, die Plätzchen ausstechen und mit etwas Abstand auf ein mit Backpapier ausgelegtes Backblech legen. Im vorgeheizten Backofen bei 200 °C ca. 10 Minuten backen. Die Plätzchen herausnehmen und auf einem Kuchengitter abkühlen lassen.
Die zerkleinerte Kuvertüre im Wasserbad schmelzen, Nelkenpulver darüberstreuen, vom Wasserbad nehmen und die Crème double unterheben, bis alles eine gleichmäßige Färbung hat. Zu einer streichfähigen Masse abkühlen lassen. Mit einem Teelöffel auf die Hälfte der Plätzchen etwas Schokomasse geben und mit einem zweiten Plätzchen zusammensetzen. Trocknen lassen und mit Puderzucker bestäuben.

Zubereitungszeit: 40 Minuten (ohne Ruhezeit für den Teig)

Schokoladenplätzchen

150 g Mehl
200 g Zucker
1 EL Kakao
75 g Butter
1 Eigelb
2 Eiweiß
125 g geriebene Zartbitterschokolade
100 g gemahlene Haselnüsse
2 EL Rum

Das Mehl auf eine Arbeitsfläche sieben. 50 g Zucker, Kakao, und die klein geschnittene Butter daraufgeben. In die Mitte eine Mulde drücken und das Eigelb hineingeben. Mit den Händen rasch zu einem Teig verarbeiten. Den Teig in Folie wickeln und 1 Stunde im Kühlschrank ruhen lassen.
Die Plätzchen ausstechen. Ein Backblech mit Backpapier auslegen und die Plätzchen darauflegen. Das Eiweiß sehr steif schlagen. 150 g Zucker, Schokolade, Haselnüsse und Rum untermischen und in einen Spritzbeutel mit Sterntülle füllen. Jeweils einen Tupfer der Eiweißmasse auf die Schokoladenplätzchen spritzen. Im Backofen bei 170 °C ca. 12 bis 15 Minuten backen.

Zubereitungszeit: 30 Minuten (ohne Ruhezeit für den Teig)

Mürbeteigplätzchen mit Quittenfüllung

250 g Mehl
1 TL Backpulver
100 g Zucker
50 g gemahlene Mandeln
2 Msp. Kardamom
2 Msp. Nelkenpulver
1/2 TL Zimt
1 Ei
125 g kalte Butter
100 g Quittengelee
Puderzucker

Das Mehl mit Backpulver, Zucker, Mandeln und den Gewürzen gut mischen. Das Ei und die Butter in Stückchen geschnitten zufügen und schnell mit den Händen verkneten. Zu einer Kugel formen, in Klarsichtfolie wickeln und 30 Minuten im Kühlschrank ruhen lassen. Den Teig auf einer bemehlten Arbeitsfläche dünn ausrollen und die Plätzchen ausstechen. In die Hälfte der Plätzchen mittig einen Kreis ausstechen. Mit einem Fingerhut oder mit einem anderen runden Gegenstand einen kleinen Kreis ausstechen.
Die Plätzchen auf ein mit Backpapier ausgelegtes Backblech legen und im vorgeheizten Backofen bei 175 °C ca. 10 Minuten backen. Auf ein Kuchengitter legen und auskühlen lassen. Das Quittengelee erwärmen. Die Hälfte Plätzchen mit Marmelade bestreichen, je ein passendes Plätzchen mit Loch daraufsetzen und dick mit Puderzucker bestäuben.

Zubereitungszeit: 25 Minuten (ohne Ruhezeit für den Teig)

Lebkuchenplätzchen mit Zitronenguss

300 g Mehl
100 g Zucker
2 TL Lebkuchengewürz
1 TL Backpulver
2 EL Kakao
1 Ei
200 g kalte Butter
125 g Puderzucker
2–3 EL Zitronensaft

Das Mehl auf die Arbeitsfläche sieben und mit Zucker, Lebkuchengewürz, Backpulver, Kakao, Ei und Butter vom Rand aus mit den Händen zu einem geschmeidigen Teig kneten. Zu einer Kugel formen und in Klarsichtfolie gewickelt für 2 Stunden im Kühlschrank ruhen lassen. Die Arbeitsfläche mit Mehl bestreuen, den Teig 1 cm dick ausrollen und mit der bemehlten Form die Plätzchen ausstechen.
Den Backofen auf 180 °C vorheizen. Das Backblech mit Backpapier auslegen und die Plätzchen ca. 15 Minuten backen, bis sie knusprig sind.
Mit einer Palette auf das Kuchengitter heben und abkühlen lassen. Puderzucker und Zitronensaft für die Glasur miteinander verrühren, in einen Spritzbeutel füllen und die abgekühlten Plätzchen damit verzieren.

Zubereitungszeit: 25 Minuten (ohne Ruhezeit für den Teig)

Mandelkekse

200 g Mehl
75 g Zucker
1 Prise Salz
1 Ei
1 Eiweiß
Mark einer 1/2 Vanillestange
100 g gemahlene Mandeln
100 g Butter
1 Eigelb
50 g Mandelblättchen

Das Mehl auf die Arbeitsfläche sieben, in die Mitte eine Mulde drücken und Zucker, Salz, Ei, Eiweiß, Vanillemark und Mandeln hineingeben und die in Flöckchen geschnittene Butter auf den Mehlrand setzen. Das Ganze mit den Händen rasch zu einem glatten Teig verkneten. Den Teig in Folie gewickelt 1 Stunde im Kühlschrank ruhen lassen.
Den Teig auf der bemehlten Arbeitsfläche ausrollen, Plätzchen ausstechen und auf ein mit Backpapier ausgelegtes Backblech legen. Das Eigelb mit einem 1 EL Wasser verquirlen. Mit dem Eigelb bestreichen und den Mandelblättchen bestreuen.
Im vorgeheizten Backofen bei 160 °C ca. 10 bis 12 Minuten backen.

Zubereitungszeit: 20 Minuten (ohne Ruhezeit für den Teig)

Mürbeteigplätzchen

300 g Mehl
150 g Zucker
2 Eigelb
200 g kalte Butter
2 EL Sahne
125 g Puderzucker
2–3 EL Himbeersirup
Hagelzucker

Mehl, Zucker, Eigelb, Butter und Sahne mit den Händen rasch zu einem mürben Teig verkneten. Den Teig in Klarsichtfolie wickeln und 1 Stunde in den Kühlschrank geben. Das Backblech mit Backpapier auslegen und den Backofen auf 180 °C vorheizen. Die Arbeitsfläche mit Mehl bestreuen. Den Teig 1 cm dick ausrollen und ausstechen. Die Plätzchen auf das Backblech legen und im Backofen in ca.12 Minuten goldgelb backen. Auf einem Kuchengitter abkühlen lassen. Für die Glasur Puderzucker mit Himbeersirup verrühren und die erkalteten Plätzchen damit bepinseln. Anschließend mit Hagelzucker bestreuen und den Guss trocknen lassen.

Zubereitungszeit: 30 Minuten (ohne Ruhezeit für den Teig)

Haselnussplätzchen

350 g Mehl
1 Prise Salz
1 Ei
100 g Zucker
1 Pack. Vanillezucker
250 g gemahlene Haselnüsse
250 g Butter
150 g dunkle Kuvertüre

Das Mehl auf die Arbeitsfläche sieben, in die Mitte eine Mulde drücken und Salz, Ei, Zucker, Vanillezucker und Haselnüsse hineingeben und die in Flöckchen geschnittene Butter auf den Mehlrand setzen. Das Ganze rasch mit den Händen zu einem glatten Teig verkneten. Den Teig in Folie gewickelt 1 Stunde im Kühlschrank ruhen lassen.

Den Teig auf der bemehlten Arbeitsfläche ausrollen und Plätzchen ausstechen. Auf ein mit Backpapier ausgelegtes Backblech setzen und bei 180 °C im vorgeheizten Ofen ca. 15 bis 20 Minuten goldbraun backen. Danach gut abkühlen lassen.

Die Kuvertüre im Wasserbad schmelzen und die Plätzchen mit der flüssigen Kuvertüre überziehen.

Zubereitungszeit: 45 Minuten (ohne Ruhezeit für den Teig)

Beschwipste Plätzchen

500 g Mehl
1/2 TL Backpulver
250 g Zucker
1 Ei
2 EL Kakao
2 TL Zimt
280 g Butter
8 EL Rotwein
150 g Puderzucker

Das Mehl auf die Arbeitsfläche sieben, Backpulver, Zucker, Ei, Kakao, Zimt, Butter und 6 EL Rotwein dazugeben und rasch mit den Händen zu einem glatten Teig verkneten. Den Teig zu einer Kugel formen und in Klarsichtfolie für 1 Stunde im Kühlschrank ruhen lassen.
Den Teig auf der bemehlten Arbeitsfläche dünn ausrollen, Plätzchen ausstechen und auf ein mit Backpapier ausgelegtes Backblech legen.
Die Plätzchen bei 180 °C ca. 10 Minuten backen. Den Puderzucker mit dem übrigen Rotwein glatt rühren. Die Zuckerglasur in einen Spritzbeutel füllen und die abgekühlten Plätzchen damit verzieren.

Zubereitungszeit: 20 Minuten (ohne Ruhezeit für den Teig)

Bunte Aprikosenplätzchen

200 g Butter
80 g Zucker
1 Prise Salz
1 Pack. Vanillezucker
1 Eigelb
4 EL Cognac
frisch geriebene Muskatnuss
300 g Mehl

50 g Aprikosenkonfitüre
100 g Puderzucker
2–3 EL Zitronensaft
rote Lebensmittelfarbe

Butter mit Zucker, Salz und Vanillezucker cremig schlagen. Eigelb mit Cognac und Muskatnuss unterrühren. Das Mehl rasch untermischen und den Teig zwischen 2 Lagen Klarsichtfolie 3 bis 4 mm dick ausrollen. 2 Stunden in den Kühlschrank legen. Dann mit der ebenfalls gekühlten Form Plätzchen ausstechen, auf ein mit Backpapier ausgelegtes Blech legen und im vorgeheizten Backofen bei 180 °C ca. 12 Minuten goldgelb backen.
Das Backblech aus dem Ofen nehmen, die Plätzchen erst auf dem Backblech kurz abkühlen lassen, dann auf dem Kuchengitter auskühlen lassen. Die Aprikosenkonfitüre in einem kleinen Topf erwärmen und die Hälfte der Plätzchen damit einstreichen, die restlichen Plätzchen daraufsetzen. Puderzucker mit Zitronensaft zu einem Guss verrühren. Den Guss aufteilen und mit roter Lebensmittelfarbe färben (etwas weißen Guss zurückhalten). Plätzchen damit bestreichen, trocknen lassen. Den weißen Guss in einen Spritzbeutel füllen und die Plätzchen damit verzieren.

Zubereitungszeit: 50 Minuten (ohne Ruhezeit für den Teig)

Kekse mit Mandelsplittern

- 150 g Mehl
- 1/2 TL Backpulver
- 100 g Butter
- 50 g Zucker
- 1 Prise Salz
- 1 Pack. Vanillezucker
- 1 Ei
- 400 g Zartbitterkuvertüre
- 300 g Mandelstifte

Das Mehl in eine Schüssel sieben. Backpulver, Butter, Zucker, Salz, Vanillezucker und ein Ei hinzufügen und mit den Händen zu einem glatten Teig verkneten. In Folie wickeln und 1 Stunde im Kühlschrank ruhen lassen. Den Teig auf einer bemehlten Arbeitsfläche ausrollen und die Plätzchen ausstechen.

Den Backofen auf 200 °C vorheizen und das Backblech mit Backpapier auslegen. Die Plätzchen auf das Backblech legen und ca. 8 bis 10 Minuten backen. Zwischenzeitlich die Kuvertüre im Wasserbad schmelzen und die Mandelstifte unterziehen.

Die Plätzchen aus dem Backofen nehmen, kurz abkühlen lassen und die Mandelmasse mithilfe von zwei Teelöffeln darauf verteilen. Auf einem Kuchengitter gut trocknen lassen.

Zubereitungszeit: 50 Minuten (ohne Ruhezeit für den Teig)

Zimtplätzchen

250 g Puderzucker
3 Eiweiß
200 g geriebene, ungeschälte Mandeln
1 TL gemahlener Zimt
1 EL Rum
1 Pack. Vanillezucker

Den Puderzucker sieben. Das Eiweiß sehr steif schlagen und nach und nach den Puderzucker einrieseln lassen. Von dieser Masse eine halbe Tasse zum Bestreichen beiseitestellen. Mandeln, Zimt, Rum und Vanillezucker unter die Eiweißmasse heben. Die Arbeitsfläche dick mit Puderzucker bestreuen und die Masse darauf etwa 5 mm dick ausrollen. Die Plätzchen ausstechen und auf ein mit Backpapier ausgelegtes Backblech legen. Mit der beiseitegestellten Eiweißmasse bestreichen und im Backofen bei 130 °C ca. 30 bis 40 Minuten mehr trocknen lassen als backen.

Zubereitungszeit: 50 Minuten (ohne Ruhezeit für den Teig)

Weihnach

tsklassiker

Nussrauten

100 g Haferflocken	1/2 TL Zimtpulver
100 g Butter	10 g Erdnussbutter
1 Ei	40 g Mehl
100 g Rohrzucker	75 g gehackte Erdnüsse
1 Pack. Vanillezucker	ca. 3 EL Ahornsirup
1 Prise Salz	etwas Kristallzucker

Die Haferflocken in heißer Butter in einer Pfanne ca. 3 Minuten bei mittlerer Hitze anrösten. Vom Herd ziehen und abkühlen lassen. Das Ei mit Rohrzucker, Vanillezucker, Salz und Zimt schaumig schlagen. Erdnussbutter, Mehl, geröstete Haferflocken und Erdnüsse nacheinander unterrühren. Eine Form (18 x 18 cm) einfetten, den Teig einfüllen und glatt streichen. Im vorgeheizten Backofen bei 200 °C ca. 12 Minuten goldbraun backen, danach herausnehmen und abkühlen lassen. Dann den Kuchen mit Ahornsirup einstreichen und erst in ca. 3 cm breite Streifen, dann diese in je 5 Rauten schneiden. Nach Belieben mit Kristallzucker bestreuen.

Zubereitungszeit: 40 Minuten (ohne Ruhezeit für den Teig)

Zimtkekse

- 125 g weiche Butter
- 280 g Zucker
- 2 Eier, 1 Prise Salz
- 4 TL Zimt
- 1/2 TL gemahlene Nelken
- 80 g gemahlene Mandeln
- 280 g Mehl
- 1 Eigelb
- 2 EL Sahne
- 50 g halbierte, abgezogene Mandeln

Die Butter mit dem Handmixer auf höchster Stufe schaumig rühren. Zucker und Eier dazugeben bis eine helle Creme entsteht. Salz, Zimt, Nelken, gemahlene Mandeln und Mehl dazugeben und das Ganze zu einem geschmeidigen Teig verarbeiten.
Den Teig in Folie wickeln und 30 Minuten im Kühlschrank ruhen lassen. Anschließend den Teig aus der Folie wickeln und auf einer bemehlten Arbeitsfläche dünn (etwa 3 mm) ausrollen. Mit einem Messer Rechtecke von etwa 3 x 6 cm aus dem Teig schneiden und auf ein gebuttertes oder mit Backpapier ausgelegtes Backblech legen. Dabei darauf achten, dass ausreichend Abstand zwischen den Plätzchen bleibt. Das Eigelb mit der Sahne verquirlen und die Zimtkekse damit bestreichen. Mit den halbierten Mandeln belegen. Bei 180 °C ca. 15 Minuten backen.

Zubereitungszeit: 35 Minuten (ohne Ruhezeit für den Teig)

Haferflockenplätzchen

225 g kernige Haferflocken
80 g Butter
125 g Zucker
2 Eier
1 Prise Salz
65 g Mehl
1/2 Pack. Backpulver
30 g Schokoladenstreusel

Die Haferflocken mit 30 g Butter und mit 30 g Zucker in einer Pfanne leicht rösten und abkühlen lassen. Die restliche Butter mit dem übrigen Zucker, Eiern und Salz schaumig schlagen. Das Mehl mit dem Backpulver vermischen und die gerösteten Haferflocken unterarbeiten.
In größeren Abständen kleine Häufchen auf ein mit Backpapier belegtes Backblech legen und bei 150 °C ca. 15 Minuten backen. Die Schokoladenstreusel auf einen flachen Teller geben.
Die Haferflockenplätzchen noch heiß in die Schokostreuel drücken und danach abkühlen lassen.

Zubereitungszeit: 30 Minuten (ohne Ruhezeit für den Teig)

Vanillekipferl

150 g Butter
75 g Zucker
200 g Mehl
1 Prise Salz
80 g gemahlene Mandeln
2 Pack. Bourbon-Vanillezucker
50 g Puderzucker

Die Butter stückchenweise mit Zucker, Mehl, Salz und Mandeln rasch zu einem geschmeidigen Teig verarbeiten. Den Teig in Folie gewickelt über Nacht im Kühlschrank ruhen lassen. Den Backofen auf 190 °C vorheizen und das Backblech mit Backpapier auslegen. Den Teig portionieren, zu dünnen Rollen formen und in 6 cm lange Stücke schneiden.
Die Teigstücke rasch zu Kipferln formen, auf das Backblech legen und ca. 12 Minuten backen. Vanillezucker und Puderzucker miteinander vermischen. Die Kipferl noch heiß in dem Zuckergemisch wälzen.

Zubereitungszeit: 30 Minuten (ohne Ruhezeit für den Teig)

Kokosmakronen

Butterschmalz für das Backblech
1 Eiweiß
1 Prise Salz
50 g Zucker
Saft von 1/2 Zitrone
2 TL abger. Zitronenschale
100 g Marzipan-Rohmasse
100 g Kokosflocken
100 g dunkle Kuvertüre

Den Backofen auf 160 °C vorheizen. Ein Backblech mit Butterschmalz einfetten. Das Eiweiß steif schlagen. Nach und nach Salz, Zucker, Zitronensaft und -schale zugeben und weiterrühren, bis der Schnee sehr steif ist. Die Marzipan-Rohmasse fein zerkleinern, mit den Kokosflocken mischen und beides locker unter den Eischnee rühren. Mit zwei feuchten Teelöffeln kleine Häufchen abstechen und mit etwas Abstand voneinander auf das Blech legen. Auf mittlerer Schiene ca. 25 Minuten backen. Herausnehmen und abkühlen lassen.
Zum Verzieren die Kuvertüre zerkleinern und im Wasserbad schmelzen. Die Makronen zur Hälfte darin eintauchen, abtropfen und trocknen lassen.

Zubereitungszeit: 40 Minuten (ohne Ruhezeit für den Teig)

Rumplätzchen

60 g Butter
50 g Puderzucker
30 g Mehl
60 g Speisestärke
2 EL Rum

Die Butter mit dem Puderzucker schaumig rühren und mit Mehl, Speisestärke und Rum mit den Händen zu einem glatten Teig verkneten. Den Teig in Folie wickeln und für 1 Stunde im Kühlschrank ruhen lassen.
Aus dem Teig kleine Kugeln formen und mit Abstand auf ein mit Backpapier ausgelegtes Blech legen. Die Kugeln mit einer Gabel flach drücken und im vorgeheizten Backofen bei 175 °C ca. 15 Minuten backen.

Zubereitungszeit: 25 Minuten (ohne Ruhezeit für den Teig)

Florentiner

100 g Mandeln
150 g Orangeat
50 g Zitronat
5 Belegkirschen
60 g Butter
400 g Sahne
140 g Zucker
30 g Mehl
halbierte Belegkirschen
100 g Schokoladenglasur

Die Mandeln grob zerhacken. Orangeat, Zitronat und Belegkirschen fein hacken. Die Butter mit der Sahne in einem Topf aufkochen lassen. Die Mandeln und die Früchte sowie Zucker und Mehl dazugeben und aufkochen. Die Masse soll leicht zäh sein. Ein Backblech mit Backpapier auslegen. Aus der Masse mit zwei Teelöffeln nicht zu dicht nebeneinander kleine Häufchen auf das Backblech setzen. Jeweils eine halbierte Belegkirsche auf ein Teighäufchen setzen und bei 180 °C ca. 25 Minuten backen. Die Florentiner erkalten lassen. Zwischenzeitlich die Schokoladenglasur im Wasserbad schmelzen, die Unterseite der Florentiner damit bestreichen und auf einem Kuchengitter trocknen lassen.

Zubereitungszeit: 55 Minuten (ohne Ruhezeit für den Teig)

Bethmännchen

50 g Puderzucker
1 EL Speisestärke
400 g Marzipan-Rohmasse
1 Eiweiß
1 Eigelb
Mandelhälften

Den Puderzucker mit der Speisestärke in eine Schüssel sieben. Das Marzipan klein schneiden und mit dem Eiweiß dazugeben. Alles mit den Händen zu einem Teig verkneten und abgedeckt 1 Stunde im Kühlschrank ruhen lassen.
Aus dem Teig Kugeln mit einem Durchmesser von etwa 1,5 cm formen und auf ein mit Backpapier ausgelegtes Backblech setzen. Das Eigelb mit 1 bis 2 EL Wasser verquirlen und die Kugeln damit bestreichen.
Jeweils 3 halbe Mandeln in 1 Kugel drücken. Die Bethmännchen an einem kühlen Ort etwa 8 Stunden (oder über Nacht) trocknen lassen.
Den Backofen auf 150 °C vorheizen und die Bethmännchen darin ca. 20 Minuten goldgelb backen.

Zubereitungszeit: 25 Minuten (ohne Ruhezeit für den Teig)

Spritzgebäck

220 g weiche Butter
90 g Puderzucker
1 Prise Salz
1 TL abger. Zitronenschale
Mark von 1 Vanilleschote
1 Ei
300 g Mehl
100 g dunkle Kuvertüre

Alle Zutaten bis auf die Kuvertüre zu einem glatten Rührteig verarbeiten und mittels eines Spritzbeutels mit Sterntülle auf ein mit Backpapier ausgelegtes Backblech Kreise aufspritzen. Im vorgeheizten Backofen bei 180 °C ca. 12 Minuten hellgelb backen.
Die Kuvertüre im Wasserbad schmelzen und die abgekühlten Spritzgebäckringe zu 1/3 in die Kuvertüre eintauchen. Auf einem Kuchengitter fest werden lassen.

Zubereitungszeit: 15 Minuten (ohne Ruhezeit für den Teig)

Mürbebrezeln

140 g Mehl
70 g Zucker
140 g kalte Butter
70 g gemahlene Mandeln
1 Prise Salz
1 Pack. Vanillezucker
3 hart gekochte Eigelb
Puderzucker

Das Mehl in eine Rührschüssel sieben und den Zucker, die klein geschnittene Butter, Mandeln, Salz, Vanillezucker und Eigelb dazugeben.
Das Ganze mit den Knethaken des Handmixers zu einem geschmeidigen Teig verarbeiten. Den Teig in Folie wickeln und 30 Minuten im Kühlschrank ruhen lassen. Den Teig aus der Folie nehmen und portionsweise auf einer leicht bemehlten Arbeitsfläche zu bleistiftstarken Rollen drehen. Dann zu Brezeln formen und auf ein gebuttertes oder mit Backpapier ausgelegtes Backblech legen. Im vorgeheizten Backofen bei 200 °C ca. 12 bis 15 Minuten backen. Die Brezeln noch lauwarm dick mit Puderzucker bestäuben.

Zubereitungszeit: 45 Minuten (ohne Ruhezeit für den Teig)

Schokoladenmakronen

3 Eiweiß
1 Prise Salz
150 g Zucker
50 g Mehl
150 g gemahlene Haselnüsse
100 g fein geriebene Zartbitter-Kuvertüre
75 g sehr weiche Butter
150 g Zartbitter-Kuvertüre
150 g Puderzucker
etwas grüne Lebensmittelfarbe

Das Eiweiß mit dem Salz steif schlagen, Zucker einrieseln lassen und weiterschlagen. Das Mehl nach und nach dazugeben, dann die Haselnüsse, die geriebene Kuvertüre und zum Schluss die Butter unterrühren.
Den Teig in einen Spritzbeutel mit großer, glatter Tülle füllen und auf ein mit Backpapier ausgelegtes Backblech in Abständen kleine Tupfen (ca. 2,5 cm Durchmesser) aufspritzen, da der Teig noch verläuft. Im vorgeheizten Backofen bei 180 °C ca. 12 Minuten backen, herausnehmen und abkühlen lassen. Kuvertüre zerkleinern und im Wasserbad schmelzen lassen. Dann die Unterseite der Makronen damit einstreichen und mit einer zweiten Makrone zusammensetzen.
Für die Glasur Puderzucker mit 2 bis 3 EL Wasser glatt rühren. Ein kleinen Teil des Zuckergusses mit grüner Lebensmittelfarbe einfärben und in einen Spritzbeutel mit kleiner Tülle geben. Die Makronen mit dem weißen Zuckerguß bestreichen und trocknen lassen. Den grünen Zuckerguss streifenförmig auf die Makronen spritzen.

Zubereitungszeit: 45 Minuten (ohne Ruhezeit für den Teig)

Schwarz-Weiß-Gebäck

250 g Mehl
1 TL Backpulver
80 g Zucker
1 Prise Salz
1 Ei
125 g Butter
2 EL Kakao

Das Mehl in eine Rührschüssel sieben. Backpulver, Zucker, Salz, Ei und Butter dazugeben und mit den Händen rasch zu einem Mürbeteig verarbeiten. Den Teig in zwei Hälften trennen und unter die eine Hälfte den Kakao mischen. Die Teighälften jeweils in Folie wickeln und 30 Minuten im Kühlschrank ruhen lassen. Anschließend aus dem Teig jeweils 15 cm lange und bleistiftstarke Rollen formen. Eine schwarze Rolle neben eine weiße Rolle legen und leicht aneinanderdrücken. Zwei weitere Rollen in umgekehrter Reihenfolge (schwarz auf weiß und weiß auf schwarz) auf die ersten Rollen setzen und aneinanderdrücken. Von dieser Rolle gleichmäßig dünne Scheiben schneiden und auf ein mit Backpapier ausgelegtes Backblech legen. Im vorgeheizten Backofen bei 200 °C ca. 15 Minuten backen.

Zubereitungszeit: 35 Minuten (ohne Ruhezeit für den Teig)

Nusstaler

200 g Mehl
1/2 TL Backpulver
75 g Zucker
1 Pack. Vanillezucker
1 Ei
1 Prise Salz, 125 g kalte Butter

4 EL Aprikosenkonfitüre oder
4 EL Nuss-Nougat-Creme
400 g Nüsse, z. B. Haselnüsse,
Walnüsse, Pinienkerne etc.
2 Eigelb

Das gesiebte Mehl mit Backpulver, Zucker und Vanillezucker auf die Arbeitsfläche häufen. In die Mitte eine Mulde drücken und das Ei und das Salz hineingeben. Die klein geschnittene Butter auf den Rand setzen und alles mit den Händen rasch zu einem glatten Teig verkneten.
In Folie gewickelt 30 Minuten im Kühlschrank ruhen lassen. Zwischenzeitlich, falls notwendig, die Nüsse mit heißem Wasser begießen und von der Haut lösen.
Die Konfitüre mit der Nuss-Nougat-Creme in einem Topf erwärmen. Den Teig auf der bemehlten Arbeitsfläche ausrollen, Kreise von etwa 7 cm Durchmesser ausstechen und mit der warmen Konfitüre oder der Nuss-Nougat-Creme bestreichen. Mit den Nüssen belegen und mit dem in etwas Wasser verquirlten Eigelb überziehen.
Auf ein mit Backpapier ausgelegtes Backblech legen und im vorgeheizten Backofen bei 175 °C ca. 15 bis 20 Minuten backen.

Zubereitungszeit: 45 Minuten (ohne Ruhezeit für den Teig)

Glühweinschnitten

250 g weiche Butter
125 g Zucker
1 Pack. Vanillezucker
4 Eier
250 g Mehl
2 TL Backpulver

150 g Schokoladenraspel
1/8 l Glühwein
150 g Puderzucker
2–3 EL Glühwein

Die weiche Butter mit Zucker, Vanillezucker und Eiern schaumig rühren. Das Mehl mit dem Backpulver dazusieben, Schokolade und Glühwein zugeben und alles gründlich verrühren.
Den Teig auf ein mit Backpapier ausgelegtes Backblech streichen und ca. 20 Minuten bei 160 °C backen. Nach dem Backen den Kuchen vollständig auskühlen lassen.
Den Puderzucker sieben und mit dem Glühwein glatt rühren. Den Kuchen mit dem Guss bestreichen. Wenn der Guss fest geworden ist, die Glühweinschnitten in etwa 4 x 4 cm große Stücke schneiden.

Zubereitungszeit: 45 Minuten (ohne Ruhezeit für den Teig)

Cookies

3 Eiweiß
250 g Puderzucker
250 g gemahlene Mandeln
75 g geraspelte Zartbitter-schokolade
2 TL Zimt

Das Eiweiß mit dem Handmixer in einer Schüssel steif geschlagen. Dann Puderzucker, Mandeln, Schokolade und Zimt unter den Eischnee geben. Jetzt mit einem Teelöffel kleine Häufchen von etwa 2 cm Durchmesser aus der Masse herausnehmen und mit Abstand auf ein mit Backpapier ausgelegtes Backblech setzen.
Im vorgeheizten Backofen bei 175 °C ca. 15 Minuten backen.

Zubereitungszeit: 40 Minuten

Pfeffernüsse

3 Eier
300 g Zucker
2 TL Backpulver
je 1 Msp. weißer Pfeffer, Nelken, Muskatnuss, Ingwer
1 TL Zimt
500 g Mehl
6 EL Milch
75 g Zitronat
60 g geriebene Mandeln
200 g Puderzucker

Die Eier mit dem Zucker schaumig rühren und nach und nach das mit Backpulver und den Gewürzen vermischte Mehl mit der Milch hinzugeben und mit den Händen zu einem Teig kneten. Zitronat und Mandeln unter den Teig kneten.
Den Teig in Folie wickeln und 1 Stunde im Kühlschrank ruhen lassen. Den Teig auf der bemehlten Arbeitsfläche etwa 1 cm dick ausrollen, runde Plätzchen (etwa 3 cm Durchmesser) ausstechen und auf ein mit Backpapier ausgelegtes Backblech setzten. Die Pfeffernüsse über Nacht trocknen lassen. Dann bei 170 °C ca. 15 Minuten backen.
Aus dem Puderzucker und 2 EL heißem Wasser eine Glasur anrühren und die erkalteten Pfeffernüsse damit bestreichen.

Zubereitungszeit: 40 Minuten (ohne Ruhezeit für den Teig)

Honigkuchen

250 g Honig
125 ml Öl
125 g brauner Zucker
50 g Zitronat
50 g Orangeat
100 g geriebene Mandeln
1 Prise Salz, 1/2 TL Zimt
1 Msp. Nelkenpulver
350 g Mehl
1/2 Pack. Backpulver
2 Eier, 3 EL Dosenmilch
Mandeln, Belegkirschen

Den Honig zusammen mit Öl und Zucker unter ständigem Rühren in einem Topf erhitzen und kurz aufkochen lassen. Die Früchte, Mandeln und Gewürze dazugeben und verrühren. Das Ganze abkühlen lassen. Das Mehl zusammen mit dem Backpulver sieben und mit der Honigmasse und den Eiern verrühren. Ein tiefes Blech mit Backpapier auslegen und die Honigmasse darin ausstreichen. Den Teig mit der Dosenmilch bestreichen und mit einem Messer die Stücke markieren. Mit Mandeln und halbierten Belegkirschen verzieren. Im vorgeheizten Backofen bei 180 °C ca. 35 bis 40 Minuten backen. Den Kuchen abkühlen lassen und erst dann in Stücke schneiden.

Zubereitungszeit: 50 Minuten

Brownies

250 g weiche Butter
200 g Zucker
1 EL Vanillezucker
4 Eier
150 g Mehl
1/2 TL Backpulver
1 Prise Salz
100 g Zartbitterschokolade
150 g Walnusskerne
200 g dunkle Kuvertüre
200 g Walnusskernhälften

Die weiche Butter mit Zucker, Vanillezucker und Eiern in einer Rührschüssel cremig schlagen. Das gesiebte Mehl mit Backpulver und Salz dazugeben und verrühren. Die Schokolade im Mixer fein zerkleinern und die Walnusskerne grob hacken. Beides unter den Teig rühren. Ein Backblech mit Backpapier auslegen und den Teig darauf ausstreichen. Im Backofen bei 200 °C ca. 20 bis 30 Minuten backen. Aus dem Backofen nehmen und abkühlen lassen. Zwischenzeitlich die Kuvertüre im Wasserbad schmelzen und die »Brownieplatte« damit bestreichen. Mit den Walnusskernhälften belegen. Abschließend mit einem scharfen Messer Rechtecke herausschneiden und vom Backblech lösen.

Zubereitungszeit: 50 Minuten

Nougattaler

200 g Mehl
1 Ei
2 Eiweiß
75 g Puderzucker
1 Pack. Vanillezucker
1 Prise Salz
100 g kalte Butter
100 g Nougatmasse
125 g Einmachzucker

Das Mehl auf die Arbeitsfläche sieben. In die Mitte eine Mulde drücken und das Ei, 1 Eiweiß, Puderzucker, Vanillezucker und Salz hineingeben. Die klein geschnittene Butter auf dem Mehlrand verteilen. Mit den Händen zu einem glatten Teig kneten und in Folie gewickelt 1 Stunde im Kühlschrank ruhen lassen. Die Nougatmasse in 1/2 cm dicke Streifen schneiden und ebenfalls kühl stellen. Den Teig in 2 etwa 25 cm lange Rollen formen. Die Nougatmasse zu dünnen Streifen schneiden. Die Teigrollen flach drücken und die Nougatstreifen darauf verteilen. Den Teig über den Nougatstreifen zusammenschlagen und wieder zu Rollen formen. Erneut in Folie gewickelt 4 Stunden in den Kühlschrank stellen. Die Teigrollen aus der Folie nehmen und mit dem zweiten verquirlten Eiweiß bestreichen. Den Einmachzucker auf die Arbeitsfläche streuen und die Teigrollen darin wälzen. Mit einem Messer etwa 8 mm dicke Scheiben abschneiden und auf ein mit Backpapier ausgelegtes Backblech legen. Im Backofen bei 170 °C ca. 10 bis 12 Minuten backen.

Zubereitungszeit: 45 Minuten (ohne Ruhezeit für den Teig)

Haselnussbrot

300 g Mehl
100 g Puderzucker
1 Pack. Vanillezucker
1 Prise Salz
200 g kalte Butter
1 Ei
100 g gehackte Haselnüsse
100 g Zartbitter-Kuvertüre

Das Mehl mit Puderzucker, Vanillezucker und Salz auf die Arbeitsfläche häufen. Die klein geschnittene Butter darauf verteilen. In die Mitte eine Mulde drücken und das Ei hineingeben. Mit den Händen rasch zu einem geschmeidigen Teig verkneten. Dann die Haselnüsse in den Teig kneten. Den Teig zu einer etwa 40 cm langen Rollen formen und in Folie gewickelt etwa 1 Stunde im Kühlschrank ruhen lassen. Das Backblech mit Backpapier auslegen und den Backofen auf 180 °C vorheizen. Die Teigrolle aus der Folie wickeln, in etwa 8 mm dicke Scheiben schneiden und auf das Backblech legen. Im Backofen ca. 12 bis 15 Minuten backen und anschließend abkühlen lassen. Zwischenzeitlich die Kuvertüre im Wasserbad schmelzen und die Haselnussbrote bis zur Mitte in die Schokolade tauchen. Auf Backpapier legen und trocknen lassen.

Zubereitungszeit: 60 Minuten (ohne Ruhezeit für den Teig)

Register